5Minute
Summer Stories
IN FRENCH & ENGLISH

WRITTEN & TRANSLATED BY
LUIZ FERNANDO PETERS

5 Minute Summer Stories in French and English

This book belongs to

_____

- - - - - - - - - - - - - - - - - - - -

▬▬▬▬▬▬▬▬▬▬▬▬▬▬▬▬▬▬▬▬

Table of Contents

Tommy and The Apples

Tommy et les pommes

On a hot July day, one of those where you could fry an egg on the sidewalk, Tommy was getting that restless itch that twelve-year-olds get when school's out and the whole neighborhood feels like a playground. Mrs. Abernathy, who lived at the end of the street, had the biggest backyard around, complete with a legendary rose garden and a towering apple tree that was rumored among the local kids to bear the sweetest fruit. Despite her strict warnings to stay away, curiosity and the call of adventure were too much for Tommy. With a devilish grin to his hesitant friends, he hopped her fence, landing with a soft thud on sacred ground. His friends all scattered.

En un chaud jour de juillet, où l'on pourrait presque frire un œuf sur

le trottoir, Tommy ressentait cette inquiétude typique des garçons de douze ans à la fin de l'école, quand tout le quartier semblait un terrain de jeux. Madame Abernathy, qui habitait au bout de la rue, avait le plus grand jardin du quartier, y compris un légendaire jardin de roses et un impressionnant pommier. Malgré ses sévères avertissements de rester à distance, la curiosité et le désir d'aventure étaient trop forts pour Tommy.

Avec un sourire malicieux envers ses amis hésitants, il sauta la clôture, atterrissant avec un bruit sourd sur la terre sacrée. Ses amis s'éparpillèrent.

The tree was giant, and as Tommy climbed, a branch under him snapped—a loud crack that split the sleepy afternoon wide open. Like a guard dog, Mrs. Abernathy burst from her house, infuriated. She caught Tommy red-handed, a few stolen apples clutched in his shirt. Caught in the act, his heart thumping against his ribcage.

L'arbre était gigantesque, et tandis que Tommy grimpait, une branche sous lui craqua — un grondement puissant qui déchira l'après-midi assoupi. Comme un chien de garde, Madame Abernathy surgit de sa maison, furieuse. Elle surprit Tommy sur le fait, quelques pommes volées serrées dans sa chemise. Son

cœur battait fort contre sa poitrine.

"Tommy, right? Jim's boy?" she demanded, as he slid down the tree, his face flushed with more than the summer heat. He nodded, muttering apologies, his eyes darting towards the fence and freedom. But Mrs. Abernathy wasn't chasing him away—not just yet. Instead, her voice softened a touch as she eyed him, perhaps remembering her own childhood misdemeanors. "You like apples, huh? Well, you're going to learn how to take care of them," she declared, setting the terms of his summer penance.

"Tommy, c'est bien ça? Le fils de Jim?" demanda-t-elle, tandis qu'il descendait de l'arbre, le visage rouge de honte. Il acquiesça, murmurant des excuses, ses yeux fixés sur la clôture et la liberté. Mais Madame Abernathy ne le chassait pas – pas encore. Au lieu de cela, sa voix s'adoucit un peu en l'observant, se souvenant peut-être de ses propres bêtises d'enfant. "Tu aimes les pommes, hein? Bien, tu apprendras à en prendre soin", déclara-t-elle, établissant les termes de sa punition estivale.

So began an unusual friendship. Day after day, under the hot sun, Tommy worked in her garden, his punishment turning into a curious sort of privilege. Mrs. Abernathy, stern yet fair, shared not only her gardening wisdom but tales of her own life adventures. As summer waned, Tommy found himself transformed. He had entered the season a mischievous boy and emerged with knowledge and understanding, nurtured by the fertile soil and wisdom of Mrs. Abernathy's and her garden.

Ainsi commença une amitié inhabituelle. Jour après jour,

sous le soleil brûlant, Tommy travaillait dans son jardin, sa punition se transformant en une sorte de privilège curieux. Madame Abernathy, sévère mais juste, partageait non seulement sa sagesse en jardinage, mais aussi des histoires de ses aventures de vie. À mesure que l'été s'abaissait, Tommy se trouvait transformé. Il était entré dans la saison comme un garçon espiègle et en était sorti avec des connaissances et une compréhension, nourri par le sol fertile et la sagesse du jardin de Madame Abernathy.

A Summer Camp Ghost

Un fantôme au camp d'été

On the nights at summer camp Whispering Pines, the campfire crackled and popped, sending sparks dancing into the starlit sky. That particular night, Fourteen-year-old Lucas sat wrapped in a blanket, his eyes reflecting the flames. Around him, other campers swapped ghost stories and laughed, but Lucas felt adventurous. Earlier that day, he'd overheard counselors talking about an abandoned cabin hidden deep in the woods—supposedly haunted. As the stories grew wilder and the night deepened, Lucas whispered a plan to his bunkmates. With a mix of fear and excitement, they agreed to sneak away and find the cabin.

Pendant les nuits au camp d'été du Saule Vert, le feu crépitait et pétillait, lançant des étincelles dansantes vers le ciel étoilé. Cette nuit-là, Lucas, quatorze ans, était assis enveloppé dans une couverture, ses yeux reflétant les flammes. Autour de lui, d'autres adolescents échangeaient des histoires de fantômes et riaient, mais Lucas se sentait aventurier. Plus tôt ce jour-là, il avait entendu des adultes parler d'une cabane abandonnée cachée au fond de la forêt — prétendument hantée. Alors que les histoires devenaient de plus en plus sauvages et que la nuit se approfondissait, Lucas chuchota un plan à ses camarades de chambre. Avec un mélange de peur et d'excitation, ils convinrent de s'échapper et de trouver la cabane.

Armed with only flashlights and a hand-drawn map stolen from the camp office, the group crept through the underbrush, their way lit by a sliver of a crescent moon. The forest was alive with sounds—twigs snapping, leaves rustling, and distant owls hooting. Heart pounding, Lucas led the way, each step taking them further from the safety of camp and deeper into the unknown. Just as the fear nearly convinced them to turn back, they saw it: the silhouette of the cabin, eerie and silent, a looming shadow against the forest backdrop.

Armé seulement de torches et d'une carte dessinée à la main volée au bureau du camp, le groupe se faufila à travers les buissons, leur chemin éclairé par un fil de lune croissante. La forêt était vivante avec des sons — branches qui craquaient, feuilles qui bruissaient, et des hiboux qui hululaient au loin. Avec le cœur battant, Lucas menait le chemin, chaque pas emmenant le groupe toujours plus loin de la sécurité du camp et toujours plus profondément dans l'inconnu. Juste quand la peur était sur le point de les convaincre de revenir, ils la virent : la silhouette de la cabane, sinistre et silencieuse, une ombre imposante contre le fond de la forêt.

The door creaked ominously as they pushed it open, dust motes swirling in the beam of their flashlights. Inside, the cabin was a time capsule of cobwebs and old furniture. Lucas' light beam landed on a dusty journal on the mantle. As he read aloud, the entries told of a former camp leader who disappeared one summer, never to be seen again. The air felt thick with the past, each page adding weight to the ghost stories they had scoffed at earlier.

La porte grincçait menaçamment alors qu'ils la poussaient pour l'ouvrir, des particules de poussière voltigeant dans le faisceau de leurs torches. À l'intérieur, la cabane était une capsule temporelle de toiles d'araignée et de meubles anciens. Le faisceau de lumière de Lucas se posa sur un journal poussiéreux sur la cheminée. Alors qu'il lisait à haute voix, les pages racontaient l'histoire d'un ancien chef de camp qui avait disparu un été, pour ne jamais être revu. L'air devenait lourd avec le passé, chaque page ajoutant du poids aux histoires de fantômes dont ils s'étaient moqués peu auparavant.

Already on edge, the group heard a loud noise outside, and that was enough to spur them into action. They ran back to camp as fast as they could through the forest. The night suddenly felt alive with unseen eyes watching them from the darkness. When they finally burst into the circle of firelight, out of breath and wide-eyed, their absence had gone unnoticed. They collapsed into their seats, exchanging glances that mixed fear with thrill. That night, as Lucas lay in his bunk, the forest whispers didn't sound quite so distant. He had sought a ghost and found a story—a camp legend that he would one day pass down, his own name now woven into its mystery.

Avec les nerfs à vif, le groupe entendit un bruit fort venant de l'extérieur, et cela suffit pour les effrayer. Ils coururent retour au camp aussi vite que possible à travers la forêt. La nuit semblait soudainement vivante avec des yeux invisibles les observant depuis les ombres. Quand ils finalement irrumpèrent dans le cercle de lumière du feu, essoufflés et aux yeux écarquillés, leur absence était passée inaperçue. Ils s'enfoncèrent dans leurs chaises, échangeant des regards qui mélangeaient peur et excitation. Cette nuit-là, alors que Lucas gisait dans son lit superposé, les murmures de la forêt ne semblaient pas si lointains. Il avait cherché un fantôme et trouvé une histoire — une légende du camp qu'il passerait un jour, son nom maintenant entrelacé dans ce mystère.

A Day at the Beach

Un jour à la plage

On a bright, sunny morning, Ellie and her family arrived at the sandy shores of their favorite beach, known for its shimmering turquoise waters and golden sand. As her parents set up a spot with beach chairs and a large umbrella, Ellie couldn't help but feel a surge of excitement. She had been looking forward to this beach day all summer, eager to explore the tide pools her friends had told her about, where colorful sea creatures could be seen.

Par une matinée ensoleillée et lumineuse, Ellie et sa famille arrivèrent sur les sables dorés de leur plage préférée, connue pour ses eaux turquoise étincelantes et son sable doré. Tandis que ses parents préparaient un endroit avec des chaises de plage et un grand parasol, Ellie ne pouvait contenir une vague d'excitation. Elle avait attendu avec impatience ce jour à la plage toute l'été, désireuse d'explorer les piscines de marée dont ses amis avaient parlé, où des créatures marines colorées pouvaient être aperçues.

With her sunscreen applied and her hat firmly on, Ellie headed towards the rocky part of the beach, her flip-flops slapping against the wet sand. The sea was low, revealing the hidden world of the tide pools. Bright starfish clung to the rocks, and tiny crabs scuttled under seaweed. Each pool was a miniature ecosystem, and Ellie carefully dipped her hands in the water, marveling at the cool touch of a sea cucumber and the tickle of a hermit crab's legs.

Avec de la crème solaire appliquée et son chapeau fermement sur la tête, Ellie s'aventura vers la partie rocheuse de la plage, ses sandales claquant sur le sable mouillé. La marée était basse, révélant le monde caché des piscines de marée. Des étoiles de mer lumineuses s'accrochaient aux roches et de petits crabes couraient parmi les algues. Chaque piscine était un écosystème miniature, et Ellie plongea prudemment ses mains dans l'eau, émerveillée par le toucher d'un crabe ermite et par les sollicitations qui faisaient à ses

jambes.

Her exploration was interrupted by a shout from nearby—a group of kids around her age were gathering by the shore, pointing excitedly at something in the water. Ellie rushed over, curious, and was thrilled to find a pod of dolphins playing a few yards out. The kids were using binoculars to watch the dolphins leap and spin, and they offered Ellie a turn. Through the lenses, she saw the joyful playfulness of the dolphins, their sleek bodies glistening under the morning sun.

Son exploration fut interrompue par un cri à proximité – un groupe d'enfants de son âge se rassemblait sur le rivage, pointant quelque chose en mer avec animation. Ellie courut là-bas, curieuse, et fut ravie de trouver un groupe de dauphins jouant à quelques mètres de distance. Les enfants observaient les dauphins sauter et tourner à travers le binocle et gentiment offrirent à Ellie la chance de profiter également de la vue. À travers les lentilles, elle vit le jeu joyeux des dauphins, leurs corps élégants brillant sous le soleil du matin.

The day passed in a blur of sun, sand, and sea. Ellie joined a volleyball game, helped build a massive sandcastle, and shared a picnic lunch under the umbrella with her family. As the sun began to set, casting a golden glow over everything, Ellie knew it was time to go home, and felt sad it was over. But, at the same time, she felt happy, because the beach had offered her a day of adventure, discovery, and fun, and she even made new friends. Her heart was full as she packed up with her family, the sounds of waves and laughter following them as they headed home.

La journée passa dans un tourbillon

de soleil, de sable et de mer. Ellie participa à un match de volleyball, aida à construire un énorme château de sable et partagea un pique-nique sous le parasol avec sa famille. Alors que le soleil commençait à se coucher, jetant une lumière dorée sur tout, Ellie savait qu'il était temps de rentrer à la maison, et elle ressentit de la tristesse à devoir finir. Mais en même temps, elle se sentait heureuse, car la plage lui avait offert une journée d'aventure, de découverte et de plaisir, et elle avait même fait de nouveaux amis. Son cœur était plein alors qu'elle emballait les affaires avec sa famille, le son des vagues et des rires les suivant alors qu'ils rentraient chez eux.

Mia heads Home

Mia rentre à la maison

The last bell of the school year rang with a chorus of cheers and laughter, signaling the start of summer vacation. Mia was 15 now, and thought of herself as almost an adult. She gathered her things slowly, her heart swelling with relief and excitement. For months, she had been counting down the days until she could leave her boarding school and return to her hometown. The anticipation of seeing her parents again, after a long year filled with challenging classes and new experiences, was almost overwhelming.

Le dernier coup de cloche de l'année scolaire retentit avec un chœur d'applaudissements et de rires, marquant le début des vacances d'été. Mia, maintenant âgée de 15 ans, se considérait presque adulte. Elle rassembla lentement ses affaires, son cœur se remplissant de soulagement et d'excitation. Pendant des mois, elle avait compté les jours jusqu'à pouvoir quitter son internat et retourner dans sa ville natale. L'anticipation de revoir ses parents était écrasante, surtout après une longue année remplie de leçons difficiles et de nouvelles expériences.

As Mia stepped off the train, her eyes scanned the bustling crowd at the station. It took only a moment to spot her parents, standing just beyond the barrier. Her mother's bright smile and her father's waving hand trying to guide her home. The moment Mia crossed the threshold, she was enveloped in warm, comforting hugs. Her mother's familiar perfume and her father's hearty laugh filled her senses, grounding her in the reality that she was finally safe.

Quand Mia descendit du train, ses yeux fouillèrent la foule dans la gare. Il ne lui fallut qu'un instant pour repérer ses parents, debout juste au-delà de la barrière. Le sourire lumineux de sa mère et la main saluant de son père cherchaient à la guider vers la maison. Au moment où Mia franchit le seuil, elle fut enveloppée par des étreintes chaudes et réconfortantes. L'odeur familière de sa mère et le rire chaleureux de son père remplirent ses sens, l'ancrant à la réalité qu'elle était enfin en sécurité.

The drive back was filled with animated conversation, with Mia sharing stories of school projects and drama club performances, while her parents updated her on neighborhood news and family events. Each story, each shared laugh, wove the threads of their separate experiences back together, tightening the bonds that distance had loosened.

Le trajet de retour fut rempli de conversations animées, avec Mia partageant des histoires de projets scolaires et de performances du club de théâtre, tandis que ses parents la mettaient à jour sur les nouveautés du quartier et les événements familiaux. Chaque histoire, chaque rire partagé, entrelaçait les fils de leurs expériences séparées à nouveau ensemble, renforçant les liens que la distance avait desserrés.

That evening, they celebrated her return with a backyard barbecue, the golden hues of the setting sun painting a perfect picture of her first night back. As Mia sat between her parents, listening to them banter and joke, a sense of peace settled over her. The familiar sights and sounds of home, the gentle touch of her mother's hand on her back, and her father's proud gaze—it all reminded Mia that no matter how far she went or how much time passed, this place and these people would always be her anchor, her endless summer.

Ce soir-là, ils célébrèrent son retour avec un barbecue dans le jardin, les tons dorés du coucher du soleil peignant une image parfaite de sa première nuit de retour. Alors que Mia s'asseyait entre ses parents, les écoutant plaisanter et bavarder, un sentiment de paix l'enveloppait. Les vues et les sons familiers de la maison, la caresse douce de la main de sa mère sur son dos et le regard fier de son père — tout cela rappelait à Mia que, peu importe combien elle voyageait ou combien de temps passait, ce lieu et ces personnes seraient toujours son ancrage, son été infini.

Summer's Essence

L'essence de l'été

The first day of summer break always held a special magic for Leo. School was behind him, at least for a few months, and ahead lay endless days of freedom and adventure. Leo had been planning for weeks, and his agenda was a canvas of potential: hiking trips, bike rides, long afternoons at the local pool, and countless hours spent with friends.

Le premier jour des vacances d'été avait toujours une magie spéciale pour Leo. L'école était derrière lui, au moins pour quelques mois, et devant lui se trouvaient des jours interminables de liberté et d'aventure. Leo avait planifié pendant des semaines, et son agenda était rempli de potentiel : randonnées, balades à vélo, longues journées à la piscine locale et d'innombrables heures avec ses amis.

Leo's first stop was the community center, where he signed up for the summer basketball league. The gym was buzzing with energy as kids of all ages swarmed in to join their respective teams. Leo loved the feeling of the ball in his hands, the squeak of sneakers on the polished floor, and the thrill of the game. This was where he felt most alive, weaving through defenders and shooting for the hoop, cheered on by friends and onlookers.

La première étape de Leo fut le centre communautaire, où il s'inscrivit à la ligue estivale de basket. La salle de sport était pleine d'énergie alors que des enfants de tous âges se rassemblaient pour rejoindre leurs équipes respectives. Leo aimait la sensation de la balle entre ses mains, le bruit des chaussures de sport sur le sol lustré, et l'excitation du jeu. Ici, il se sentait plus vivant, zigzaguant entre les défenseurs et marquant des paniers, acclamé par des amis et des spectateurs.

After the game, Leo and his friends biked to the lake on the edge of town. The lake was their summer haven, a place to swim and laze around under the sun. They spent the afternoon diving off the dock and challenging each other to swimming races. laughter and the sounds of splashing water and distant bird calls was all you could hear. It was pure, unadulterated joy, the kind that made Leo wish he could stop time and live in this moment forever.

Après le match, Leo et ses amis pédalèrent jusqu'au lac aux abords de la ville. Le lac était leur refuge estival, un endroit où nager et se détendre au soleil. Ils passèrent l'après-midi à plonger du quai et à se défier dans des courses de natation. Des rires, des éclaboussures d'eau et le gazouillement des oiseaux lointains étaient tout ce qu'on pouvait entendre. C'était de la joie pure, le genre de joie qui faisait désirer à Leo de pouvoir arrêter le temps et vivre ce moment pour toujours.

As the sun began to set, casting a golden glow over the water, they gathered around a bonfire they had built on the shore. They roasted marshmallows and shared stories, the flames flickering and casting shadows on their faces. This was what summer was all about—freedom, friends, and the making of memories that would last a lifetime.

Alors que le soleil commençait à se coucher, jetant un éclat doré sur l'eau, ils se rassemblèrent autour d'un feu de camp qu'ils avaient construit sur la rive. Ils rôtirent des marshmallows et partagèrent des histoires, les flammes tremblantes projetant des ombres sur leurs visages. C'était cela l'été : la liberté, les amis et la création de souvenirs qui dureraient toute une vie.

Summer on the Farm

Été à la ferme

Summer break brought a different kind of routine for twelve-year-old Jake. Instead of school buses and textbooks, his days began with the crowing of the rooster at his family's farm. This year, more than ever, Jake was eager to help his dad with the daily chores. He didn't have to do it, his father always told him he should be enjoying some time with friends or studying, but there was something about working alongside his father, learning the rhythms of the land, that made Jake feel more mature, more vital.

Les vacances d'été apportaient une routine différente pour Jake, douze ans. Au lieu de bus scolaires et de livres de texte, ses journées commençaient avec le chant du coq sur la ferme de sa famille. Cette année, plus que jamais, Jake était impatient d'aider son père dans les tâches quotidiennes. Il n'était pas obligé de le faire, son père lui disait toujours qu'il devrait passer du temps avec ses amis ou étudier, mais il y avait quelque chose dans le travail aux côtés de son père, apprenant les rythmes de la terre, qui faisait se sentir Jake plus mature, plus vital.

Each morning, they started by tending

to the animals. Jake took pride in feeding the chickens and milking the cows, his hands becoming more skilled with the buckets each day. His father watched over him with a quiet, approving nod, teaching Jake how to repair a fence or coax a reluctant tractor back to life. The heat of the sun beat down on them, but Jake hardly noticed; he was too absorbed in his tasks.

Chaque matin, ils commençaient

par prendre soin des animaux. Jake était fier de nourrir les poules et de traire les vaches, ses mains devenant plus habiles avec les seaux chaque jour. Son père l'observait avec un signe d'approbation silencieux, enseignant à Jake à réparer une clôture ou à convaincre un tracteur réticent à redémarrer. La chaleur du soleil les frappait, mais Jake ne la remarquait presque pas; il était trop absorbé par ses activités.

The afternoons were spent in the fields, where the real challenge began. Together, they checked the crops—corn, wheat, and soybeans—discussing when to harvest and how to handle pests. Jake's dad explained soil quality and crop rotation, lessons that Jake absorbed eagerly. These were secrets handed down from generation to generation, and Jake felt honored to be part of this timeless tradition. His dad wouldn't let him join on harder work like harvesting or sowing, but he was always willing to pass down knowledge.

Les après-midis étaient passés dans les champs, où commençait le vrai défi. Ensemble, ils vérifiaient les récoltes — maïs, blé et soja — discutant de quand récolter et comment gérer les parasites. Le père de Jake expliquait la qualité du sol et la rotation des cultures, des leçons que Jake absorbait avidement. Ceux-ci étaient des secrets transmis de génération en génération, et Jake se sentait honoré de faire partie de cette tradition intemporelle. Son père ne le laissait pas participer aux travaux les plus lourds comme la récolte et la plantation, mais il était toujours prêt à transmettre sa connaissance.

As the sun set, casting long shadows over the farm, Jake and his dad would sit on the porch, sipping lemonade and talking about the day. These moments were Jake's favorite, a time when he felt closest to his father, connected by the day's labor and the land stretching out around them. It was during these talks that Jake realized he wasn't just helping his dad; he was becoming part of something larger than himself—a steward of the earth, rooted in family and tradition. Summer on the farm wasn't just a break from school; it was life's classroom, and Jake was a devoted student.

Quand le soleil se couchait, jetant de longues ombres sur la ferme, Jake et son père s'asseyaient sur la véranda, sirotant de la limonade et parlant de la journée. Ces moments étaient les préférés de Jake, un temps où il se sentait plus proche de son père, connecté par le travail du jour et par la terre qui s'étendait autour d'eux. C'était pendant ces conversations que Jake réalisait qu'il n'aidait pas seulement son père; il devenait partie de quelque chose de plus grand que lui-même — un gardien de la terre, enraciné dans la famille et la tradition. L'été à la ferme n'était pas juste une pause de l'école; c'était la classe de la vie, et Jake était un élève dévoué.

The Old Lighthouse

Le vieux phare

In a small seaside town, there was an old lighthouse that hadn't shone its light in many years. Marcus loved the spooky story about the ghost of the lighthouse keeper. One summer night, he and his friends decided to prove their bravery by spending the night at the lighthouse.

Dans une petite ville côtière, il y avait un vieux phare qui n'avait pas allumé sa lumière depuis de nombreuses années. Marcus adorait l'histoire effrayante du fantôme du gardien du phare. Une nuit d'été, lui et ses amis décidèrent de prouver leur bravoure en passant la nuit dans le phare.

They climbed up the tall staircase to the top of the lighthouse with their flashlights and blankets, ready for an adventure. As night fell, the wind outside made eerie sounds, and the ocean waves could be heard crashing against the shore. Sitting in a circle, they started telling each other stories about sailors and strange lights on the sea that people had seen from the beach.

Ils montèrent l'escalier haut jusqu'au sommet du phare avec leurs lanternes et couvertures, prêts pour une aventure. À mesure que la nuit tombait, le vent à l'extérieur faisait des bruits inquiétants et on pouvait entendre les vagues de la mer se briser contre le rivage. Assis en cercle, ils commencèrent à se raconter des histoires de marins et de lumières étranges sur la mer que les gens avaient vues depuis la plage.

Suddenly, at midnight, a bright light flashed in the room. It was the lighthouse's beacon, lighting up for the first time in many years! At first, they were scared and thought it was the ghost, but then they saw the caretaker at the door. He was smiling and told them he was just checking if the old lighthouse light still worked.

Soudain, à minuit, une lumière brillante illumina la pièce. C'était la balise du phare, s'allumant pour la première fois depuis de nombreuses années! Au début, ils eurent peur et pensèrent que c'était le fantôme, mais ensuite ils virent le gardien à la porte. Il souriait et leur dit qu'il vérifiait simplement si la vieille lumière du phare fonctionnait encore.

They all laughed about it and felt really brave for staying the whole night. The trip had brought them together, and they would always remember the night they spent in the lighthouse and their crazy adventure.

Tout le monde en rit et se sentit très courageux d'être resté toute la nuit. Le voyage les avait rapprochés et ils se souviendraient toujours de la nuit passée dans le phare et de leur folle aventure.

Party in the Garden

Fête dans le jardin

In a busy city, there was a small park that nobody seemed to remember anymore. That changed when a group of neighborhood kids, led by a lively girl named Eliza, found it and decided to make it beautiful again. They came up with a fun idea: a secret garden contest!

Dans une ville animée, il y avait un petit parc que plus personne ne semblait se rappeler. Cela changea lorsqu'un groupe d'enfants du quartier, dirigé par une fille vive nommée Eliza, le découvrit et décida de l'embellir à nouveau. Ils eurent une idée amusante : un concours de jardin secret!

Each child picked a different part of the park to plant things in. Some chose wildflowers, others planted herbs, and a few even tried growing vegetables. They gathered at the park every weekend, swapping gardening tips and sharing stories, while waiting for their seeds to grow into beautiful plants and flowers.

Chaque enfant choisit une partie différente du parc pour y planter des choses. Certains choisirent des fleurs sauvages, d'autres plantèrent des herbes et quelques-uns tentèrent même de cultiver des légumes. Ils se réunissaient dans le parc chaque week-end, échangeant des conseils de jardinage et partageant des histoires, en attendant que leurs graines poussent en belles plantes et fleurs.

Eliza planted tomatoes, but they never grew. She found some books that spoke about gardening and found out tomatoes didn't grow in her area and especially not in that season. She was saddened that her plants would never grow, and went back to the park to tell that sad news to her friends.

Eliza planta des tomates, mais elles ne poussèrent jamais. Elle trouva des livres sur le jardinage et découvrit que les tomates ne poussaient pas dans sa région et surtout pas à cette saison. Elle était triste car ses plantes ne pousseraient jamais et retourna au parc pour annoncer cette triste nouvelle à ses amis.

But as she got there, she found out almost all of her friends also plantes things that could not grow properly on those conditions, and they decided to restart the contest, this time with more knowledge.

Mais lorsqu'elle arriva là-bas, elle découvrit que presque tous ses amis avaient également planté des choses qui ne pouvaient pas pousser correctement dans ces conditions, et ils décidèrent de relancer le concours, cette fois avec plus de connaissances.

As time passed, all the plants started to grow, and the park started to look really special. It wasn't just a place to play anymore—it became a lovely spot in the neighborhood where people could relax and enjoy nature.

Au fil du temps, toutes les plantes commencèrent à pousser et le parc commença à avoir une allure vraiment spéciale. Ce n'était plus seulement un endroit pour jouer; il devint un lieu charmant dans le quartier où les gens pouvaient se détendre et profiter de la nature.

At the end of the summer, the kids threw a big garden party to show off their hard work. They invited their families and friends to come see how the forgotten park had turned into a thriving green space. It was a perfect day, and the park continued to be a bright and happy place in the heart of the city, all thanks to the children and their wonderful garden contest.

À la fin de l'été, les enfants organisèrent une grande fête dans le jardin pour montrer leur travail acharné. Ils invitèrent leurs familles et amis à voir comment le parc oublié s'était transformé en un espace vert prospère. Ce fut une journée parfaite, et le parc continua d'être un endroit brillant et heureux au cœur de la ville, tout cela grâce aux enfants et à leur merveilleux concours de jardins.

Do you have a Summer Story?
Write it below!

_____

_____

_____

_____

_____

_____

_____

_____

_____

_____

_____

_____

Thank you for learning with us!

doodles & safari

Choosing to teach your child at home can sometimes be a difficult decision for the family financially.

If you know a family in need that would love this book, please send me an email.

I will send you a PDF of this book with no questions asked.

doodlesafari@gmail.com

Printed in Great Britain
by Amazon